AF188801

Das kleine Es

Bibliografische Information der Deutschen Nationalbibliothek:
Die Deutsche Nationalbibliothek verzeichnet diese Publikation in der
Deutschen Nationalbibliografie; detaillierte bibliografische Daten sind
im Internet über http://dnb.dnb.de abrufbar.

2.Auflage
Cover / Foto / Layout: Joß Krebs
Lektorat: Rebecca Weißleder

Herstellung und Verlag: BoD – Books on Demand, Norderstedt
ISBN: 978-3-7448-8906-3

Das kleine Es

Kirsten Jebsen
2007

Das Schreiben ist mein Herzenswunsch und wird ergänzt durch meine Arbeit als Coach und Seminarleiterin der Bewusstseinsentwicklung.

Bücher und e-Books:

"Am Anfang der Reise zu Dir Selbst", 2003
"Die Kleinschmidts und Victoria", 2006
"Die Kleinschmidts und Struppi", 2006
"Die Kleinschmidts und Victorias Babys", 2009
"Federführungen", 2006
"Spitze Findigkeiten", 2006
"Herzensweisen", 2007
"Danke", 2007
"Das kleine Es", 2007
"Im Reich der Liebe", 2008
"Zwischen den Tasten oder wie das Leben so spielt", 2009
"Wofür brennst Du?", 2009
"Opfer oder Täter - ein Handbuch für alle Fälle", 2011
"Mein Verstand und ich", 2016
"Fülle deinen Kelch", 2016
„Sei doch einfach Liebe", 2016
„BewusstSein", 2017
„HerzensWunsch", 2017
„Unternehmen MenschSein", 2017
„FreiSein", 2017
„ErfolgReich", 2017

Fotobücher:

"Himmel Sinfonien", 2006
"Danke, dass Du den Weg zu mir gefunden hast", 2006
"Seelenklänge", 2006

Widmung

Für alle wunderbaren Lichter dieser Welt und darüber hinaus.
Funkelt in eurer schönsten Kraft!

Danksagung

Du bist ein Geschenk.
Danke

Kirsten Jebsen

Es war einmal ein kleines Es.
Dieses kleine Es hatte einen Wunsch.
Einen Herzenswunsch.
Es wünschte sich nichts sehnlicher,
als einmal das Licht zu sehen.
Das große Licht, von dem es da heißt,
dass es ein ganz besonderes Licht sei.
Das Licht überhaupt.
Das Licht aller Lichter.
So groß und wundervoll, so rein und klar.
Für jeden, der es finden würde, sei es da.

Und so begab es sich auf den Weg,
das kleine Es.
Es zog sich seine Schühchen an
und machte sich auf die Suche,
auf die Suche nach dem verheißenen Licht.

Zuerst ging das kleine Es zur nächsten Tür.
Da wohnte ein argwöhnischer Mann,
das wusste es, aber mehr wusste es auch nicht.
Er solle böse sein, ein richtiger Grobklotz,
behaupteten die Leute,
und so kam es,
dass das kleine Es vor dessen Haustür stand und läutete.
Es klopfte und klopfte
und als es dem Mann endlich deutete,
dass auch bei ihm einmal jemand läutete,
öffnete er argwöhnisch die Tür.

„Hallo du", sagte das kleine Es,
„hast du das Licht gesehen?",
und der Mann öffnete seine knarrende Tür weit,
so weit und deutete auf den morschen Tisch.
„Bitte nimm Platz.
Ich bringe dir zu Essen und zu Trinken,
soviel du magst."

Und was geschah?

Dem kleinen Es leuchtete funkelndes Licht entgegen.
Das Licht war rein und klar,
es schillerte wunderbar,
und das kleine Es freute sich.
Hatte es das Licht gefunden?
Sollte es etwa schon hier sein?
Doch dann stellte das kleine Es traurig fest:
Es war gar kein Licht,
dass das kleine Es sah,
es waren die Augen des alten Mannes,
der nun gar nicht mehr argwöhnisch war.

Das kleine Es bedankte sich,
verabschiedete sich und ging des Weges.
Es war auf der Suche nach dem Licht,
doch hier fand es das nicht.

Also ging das kleine Es weit.
Es ging sehr weit.
Es ging bis in die nächste Stadt.
Da kam es zu einem Schlachthof.
Hell erleuchtet war der Hof,
und obwohl das kleine Es keine Tiere essen mochte,
kehrte es dort ein.

„Hast du das Licht gesehen?“,

fragte das kleine Es den großen, kräftigen Schlachter
und der Mann legte sein Beil nieder.
„Nein, ich habe es nicht gesehen“, meinte er;
„aber ich lade dich ein.
Du bist herzlich eingeladen, denn heute schlachte ich nicht.“
Und als das kleine Es in den Schlachthof kam,
brannten dort ganz viele Lichter.
Überall brannten sie und der Mann strahlte:
„Sei mein Gast“.
Und so blieb das kleine Es eine Weile bei dem Schlachter und
feierte mit ihm und den Lichtern.

Doch das eine,
das große Licht,
das fand es nicht,
und so begab sich das kleine Es wieder auf den Weg.

Das kleine Es kam an das Meer.
Riesig war es.
Weit und breit nichts.
Und doch, da waren sie.
Da waren ganz viele Lichter am Horizont.
Wunderschöne Lichter, so weit,
wie das unendliche Meer.
Es war ein Sternenmeer,
so rein und klar,
doch das eine,
das einzig wahre Licht,
das fand das kleine Es nicht.

Und so ging es auf ein Schiff,
auf ein großes Schiff und fuhr weit weg,
weit über die Meere,
auf der Suche nach dem Licht.

Doch auch dort fand das Es es nicht.

Und als das kleine Es völlig ermattet spät abends
daheim das Licht anzündete,
hatte es nur noch den einen Wunsch.
Es wollte sich entspannen,
ein Bad nehmen und mehr wollte es nicht.
Doch plötzlich, was geschah?
Das Es blickte in ein Licht.
Es kam tief aus dem Wasser,
fiel direkt in die strahlenden Augen des kleinen Es.
Es war wunderschön, so rein und so klar,
es war einfach wunderbar.
Es war das Spiegellicht,
das nicht mehr wich,
und nun war dem kleinen Es alles klar.
Es war schon immer da,
das Licht,
nur es wusste es nicht.

Liebe Leser,

ich wünsche mir, dass meine Inhalte Ihre Herzen
erreichen konnten und möchte Sie einladen,
auch in meine anderen Bücher und Seminare hinein zu schauen.

Aus Liebe
In Liebe
Für die Liebe

Kirsten Jebsen
www.kirstenjebsen.de

Notizen